Historique de la Cathédrale de Chartres.

NOTICE

CONCERNANT

LA SONNERIE ANCIENNE ET MODERNE

DE L'ÉGLISE CATHÉDRALE DE CHARTRES.

Cette Notice, imprimée d'abord à la tête des Prières pour la Bénédiction des cloches, à l'occasion de la cérémonie qui eut lieu le 9 septembre 1840 dans la cathédrale de Chartres, a été réimprimée dans l'Annuaire du Département de 1841. Pour cette seconde édition, l'auteur, d'une part, a retranché certaines questions théologiques et générales qui n'avaient trait qu'à la cérémonie religieuse; et d'autre part, il a ajouté le résultat de plusieurs nouvelles recherches historiques.

NOTICE HISTORIQUE

CONCERNANT

LA SONNERIE

ancienne et moderne

DE L'ÉGLISE CATHÉDRALE DE CHARTRES.

Deuxième Edition.

CHARTRES.

GARNIER, Imprimeur-Libraire de Mgr. l'Evêque,

Place des Halles, 16 et 17.

1841.

NOTICE

CONCERNANT LA SONNERIE ANCIENNE ET MODERNE

DE

l'Eglise Cathédrale de Chartres.

L'Église Cathédrale de Chartres, célèbre dans tout l'univers par ses *Clochers*, devait naturellement aussi se faire remarquer par la beauté de ses *Cloches*. Et en effet, pendant une longue suite de siècles, la sonnerie de Notre-Dame de Chartres passait pour la plus belle de France et du monde chrétien. C'est ainsi que nous en ont parlé nos pères ; et le témoignage de plusieurs voyageurs et historiens vient confirmer cette tradition. On s'accordait généralement à dire de notre sonnerie, ce que, tous les jours, les hommes de l'art disent de notre cathédrale, et ce qu'en disait, en particulier, le célèbre Visconti, garde du musée du Vatican, après l'avoir scrupuleusement examinée en 1805 ; c'est que, *si l'on trouve ailleurs des parties plus belles, on ne trouve nulle part un si bel ensemble* (1). De même, par rapport à nos cloches, on reconnaissait que, s'il y avait ailleurs des bourdons plus forts ou des caril-

(1) Hist. Ms. de Chartres de Bouvet-Jourdan. Appendix. Note M. p. 405.

lons plus nombreux, n'y il avait nulle part *une si forte et si belle harmonie* (1). « Quand on les sonne toutes, dit Vincent Sablon (2), on les entend très-clairement de quatre lieues ; et la population est ravie de contentement, car elles expriment toutes les parties de la musique, et l'on se sent le cœur épris d'une secrète joie qui donne de la dévotion à ceux qui en sont le moins susceptibles. »

Le bon Rouillard, dans sa Parthénie (3), parlant des bourdons qui étaient dans le vieux clocher, dit que *puisque Balsamon, patriarche d'Antioche, soulait dire que les cloches d'airain de l'Eglise d'Occident signifiaient les trompettes avec lesquelles serait publié le jugement dernier, celles-cy plus que nulles autres y pourraient servir ; d'autant que s'accordans avec les quatre du neuf, elles rendent une si forte harmonie, et qui s'entend de si loing, que les peuples en ont trémeur et en sont réjouis tout ensemble, d'autant qu'elle leur remet en mémoire le respect de la Vierge.*

Le 15 mars 1591, Henri IV, occupé au siège de Chartres, fit taire le canon pour entendre la magnifique sonnerie de Notre-Dame. Les habitants, assiégés depuis cinq semaines, ne laissaient pas de célébrer ce jour-là la fête de Notre-Dame de la Brèche, ou, comme on l'appelait aussi, de Notre-Dame de la Victoire ; elle se fit même avec plus de solennité qu'à l'ordinaire, et, contre l'usage, on sonna la grande sonnerie. Les assiégeants, qui ne l'avaient jamais entendue, furent saisis d'étonnement. Le Roi entra dans une grande admiration ; et, ayant

---

(1) V. Sablon. Challine, etc.

(2) Histoire et description de l'église de Chartres.

(5) L. I. ch. 5. p. 150.

appris que les assiégés faisaient une procession en l'honneur de la Vierge, et en reconnaissance de la levée miraculeuse du siège par Condé, vingt-trois ans auparavant, il défendit de tirer le canon, *ne voulant pas*, dit-il, *troubler la dévotion des habitants* (1).

Le célèbre fondateur de St.-Sulpice, un an après avoir quitté notre ville, consignait dans ses mémoires « de » quelles saintes pensées et de quelles douces émotions il » avait été pénétré, à Chartres, un jour de Fête-Dieu, » ayant été éveillé le matin *par ce doux bruit et ce célèbre » retentissement des cloches de Notre-Dame* (2). »

Mais tâchons de suivre les différentes phases de cette sonnerie célèbre. Nous verrons que quand des accidents funestes, en détruisant les clochers, ont détruit aussi les cloches qu'ils renfermaient, la piété et la générosité de nos pères s'est toujours manifestée d'une manière admirable.

1° *Depuis le* 12e *siècle jusqu'en* 1506.

Le premier monument que nous ayons concernant nos cloches est une pièce du plus haut intérêt. C'est une lettre par laquelle notre grand évêque, saint Yves (3), remercie la pieuse reine d'Angleterre, Mathilde, pour les cloches qu'elle a envoyées à son église. Cette lettre est tout ce qu'on peut imaginer de plus aimable, de plus gracieux et de plus délicat. Après avoir souhaité à la reine des Anglais, Mathilde, de régner dans les cieux avec Marie la reine des Anges, (la traduction ne saurait rendre ce

---

(1) Mémoires du temps. Bouvet-Jourdan.

(2) Vie de M. Olier. — Paris, 1841, in-8°, t. 1, p. 284 et 641,

(3) Opera, Yvonis Carnot. Epist. 142.

charmant jeu de mots : *Yvo, humilis Ecclesiæ Carnotensis minister, Mathildi Anglorum reginæ, cum Mariâ reginâ Angelorum in cœlo regnare*), il dit « qu'il a reçu au nom de » Notre-Dame de Chartres, les cloches qu'elle lui a envoyées, et qui ne sont pas moins précieuses par la piété » de la donatrice que par leur agréable mélodie : *tùm* » *pro tuâ devotione, tùm pro suâ delectabili sonoritate.* » Chaque fois, ajoute-t-il, qu'elles viennent frapper nos » oreilles, tous ceux qui les entendent ne peuvent s'empêcher de penser à vous; le nom de la reine Mathilde » semble se mêler à leurs vibrations. Et ce n'est pas une » petite faveur, au moins, grande princesse, que ce » souvenir qui se renouvelle, et cette sorte de commémoration qui se fait de vous dans des moments aussi » précieux, par exemple, à l'instant où la victime sainte » descend sur les autels, quand les chants de l'Eglise » commencent à retentir à la louange du Seigneur, quand » le Dieu d'amour va visiter et consoler un pécheur qui » demande grâce, etc. (1) »

Le saint évêque dit, dans cette lettre, qu'il a fait placer ces cloches provisoirement sur un lieu élevé de l'église. C'est que les clochers n'existaient pas encore ; ils furent construits dans le demi siècle suivant, précisément pour recevoir ces cloches, qui devaient être fort belles puisqu'on leur bâtit une si haute et si magnifique demeure. Une lettre fameuse de Hugues, archevêque de Rouen (2), datée de 1145, nous apprend que la construction de ces tours fut l'œuvre d'une confrérie, la pre-

(1) Voir aussi les lettres 106 et 107.

(2) Cette lettre est du plus grand intérêt. On la trouve dans les Historiens de France, et à la suite des œuvres de Guibert de Nogent, p. 688.

mière de ce genre qui se soit organisée dans le moyen-âge. Il y avait un ordre, une activité, une dévotion
» inexprimables. « Celui qui n'a pas vu cela, dit un chro-
» niqueur, ne verra plus jamais rien de semblable.
» C'était une série de prodiges. On eût dit que les pierres
» étaient devenues intelligentes, et que, selon la pro-
» phétie, l'esprit de vie animait les roues des char-
» riots (1). »

Dès que ces clochers furent terminés, celui du midi reçut deux bourdons, et le clocher septentrional six grosses cloches. Lesquelles de ces cloches provenaient de la reine Mathilde? nous n'en savons rien. Mais ce n'était certainement pas le gros bourdon nommé *Marie,* puisque les nécrologes de notre église, sous la date du 25 août, nous apprennent qu'il fut donné vers le milieu du siècle suivant, par un archidiacre de Vendôme, Pierre de Burdegeat (ou de Bourdeaux) qui fonda un revenu de 100 livres pour le faire sonner.

Cette première sonnerie, dont nos plus anciens auteurs ont parlé avec enthousiasme, était magnifique ; nous ne croyons pas qu'elle ait jamais été égalée par aucune de celles qui l'ont successivement remplacée, et qui ont été néanmoins si admirées. Elle formait une octave parfaite; et les plus fortes cloches devaient avoir des proportions énormes, puisque les plus faibles étaient encore *de grosses cloches* (2). Cette sonnerie dura depuis environ 1150 jusqu'en 1506. Il est hors de doute que l'incendie de 1194 épargna pour le moins les cryptes, et le portail avec les

(1) Robert du Mont. Appendix ad Sigib. ad ann. 1144.

(2) Hist. de Souchet, et inscription du clocher neuf.

deux clochers (1). Cependant les traces de feu qu'on remarque dans le clocher vieux, et qui datent probablement d'alors, pourraient nous faire croire que le désastre, sans renverser cette pyramide, atteignit la charpente des bourdons. La flèche septentrionale qui était en bois, ne put manquer d'être consumée. Il faudrait dire alors qu'il y eut une première refonte vers 1200. C'est à cette époque que nous ferions remonter l'admirable beffroi du clocher vieux dont la destruction a si fatalement complété les ravages de l'incendie de 1836. On peut avoir une idée de cette belle charpente par la gravure (2) qui heureusement en a été faite quelques années avant cette perte irréparable. Nos historiens faisaient remarquer par rapport à ce beffroi, comme par rapport à celui du clocher neuf, qu'ils étaient « élevés en l'air, sans autre support que leurs emboîtures, qui aboutissaient sur des corbeaux et sur les entablements des gros murs (3). »

Une requête du chapitre contre l'évêque en 1475, nous apprend que la chapelle de Saint-Serge et de Saint-Bacche était le lieu ordinaire où le chapitre faisait fondre les cloches. Cette chapelle qui a porté aussi le nom de Saint-Nicolas, était située où est aujourd'hui la grille d'entrée de

---

(1) La plupart des historiens de notre église ont cherché à détruire tous les monuments de cet incendie pour attribuer à Saint Fulbert la plus grande partie de l'édifice tel qu'il existe aujourd'hui. Malgré de sérieuses difficultés, nous n'osons plus contester cet incendie, et nous aimons à reconnaître qu'en ce point l'histoire bien approfondie est venue appuyer les inductions de la science artistique.

(2) Chappuis. *Vues pittoresques de la cathédrale de Chartres.* in-4°, chez Garnier, libraire.

(3) Challine. Pintard, etc.

l'évêché. C'est là que fut refondu le second bourdon, nommé Gabrielle, en 1423. Le premier bourdon fut refondu, en 1499, dans le cimetière de Saint-Jérôme (1). L'usage de fondre les cloches dans les lieux saints, plusieurs fois condamné par les conciles, dura long-temps, à Chartres. Car nous voyons encore plus de deux siècles après, que des fondeurs ont été poursuivis par le chapitre, pour réparer ladite chapelle de St-Nicolas à la suite d'une fonte de cloches (2).

Les nécrologes et obituaires de notre église renferment depuis le 12e siècle, plusieurs dispositions testamentaires concernant la sonnerie des cloches aux services anniversaires. En voici quelques exemples.

« Le 6 des calendes de septembre (27 août 1250) décéda M. Constant, chancelier de l'église de Chartres, homme éminemment recommandable par ses vertus et son savoir, lequel, *entr'autres dons*, laissa à l'église une fondation dont le revenu, distraction faite de 5 sous pour chacun des marguilliers laïcs à cause de la sonnerie des cloches des deux tours le jour de son anniversaire, doit être distribué aux chanoines qui y assisteront. »

Guillaume de Chaumont, archidiacre de Chartres, règle par testament qu'il sera donné 8 sous aux mêmes marguilliers laïcs pour la sonnerie des grosses cloches le matin et le soir de son obit anniversaire.

---

(1) Au manuscrit 41 $\frac{5}{7}$ de la bibliothèque de Chartres, *in-fol.* intitulé : *Grammatica Latina*, on trouve la note suivante au dernier feuillet :

L'an 1499, fut fondue la cloche *Marie*, le lundi XVIIe jour de mai, le lendemain de la Trinité.

(2) Registres capitulaires ; 4 novembre 1654, et 11 janvier 1655. Mss. de la bibliothèque de Chartres.

Jehan d'Espaillard, chanoine de Chartres et prévôt de Mésangey, parent et intime ami d'Albéric Cornut, évêque de Chartres, fait une fondation en 1244 pour l'anniversaire dudit évêque, et règle qu'il sera donné 5 sous aux sonneurs des grosses cloches des deux tours : *quinque solidi pulsatoribus campanarum, qui etiam grossiora tymbala in utrâque turre, in vigiliis et in missâ pulsabunt et pulsari facient, distribuentur* (1).

La sonnerie des cloches était considérée comme chose si importante, que le chapitre de Chartres, d'ailleurs si puissant et si riche en privilèges, lorsqu'il lançait l'interdit sur la cathédrale, n'avait pas le droit de faire interrompre les sonneries ordinaires, ainsi qu'il le reconnaît dans une pièce adressée au chapitre du Mans : *cathedralem ecclesiam, excepto sonitu campanarum, supponere possumus interdicto* (2). On pensait que le silence absolu des cloches aurait jeté trop d'effroi, et aurait trop déconcerté les habitudes de toute la contrée accoutumée à les entendre retentir.

2° *Depuis* 1506 *jusqu'en* 1723.

Le 26 juillet 1506, le tonnerre tomba sur la flèche du clocher septentrional. Une inscription gravée dans ce clocher sur le mur de la chambre de la sonnerie, nous apprend tous les ravages causés par cette foudre (3).

Ie fu iadis de plomb et de bois construict,
Grand, hault, et beau, de somptueux ouvrage,

(1) Nécrol. Carnot. Apud gall. Christ., Tom. 8, p. 1161.

(2) Gall. Christ., Tom. 8. instrum. p. 346.

(3) On peut consulter sur cet accident l'ouvrage intéressant de M. Lejeune, intitulé : *Les Sinistres de la Cathédrale*. In-12. Chez Garnier.

Jusques à ce que tonnerre et orage
M'ha consommé, dégasté et destruict.

Le iour saincte Anne, vers six heures de nuict :
En l'an compté mille cinq cens et six;
Ie fu bruslé, demoli et recuit,
Et avec moi de grosses cloches six, etc.

On voyait le moment où le feu allait communiquer avec la grande charpente de l'église, qu'on appelait *la forêt*, et l'on ne doutait pas que cet immense foyer n'embrâsat ensuite l'église et la ville entière. Les Chartrains déployèrent, comme dans toutes les circonstances semblables, un courage et un dévouement inspirés en même temps par la foi et par le patriotisme. Il se trouva des ouvriers assez hardis pour braver le danger, et couper huit chevronnées de la charpente de l'église. On emporta du trésor les châsses, les reliques et tous les objets précieux. Cet incendie qui avait commencé à six heures du soir, dura dix-huit heures, et ne finit que le lendemain à midi. Ce fut un cri universel qu'il y avait eu une protection sensible du ciel au milieu de ce désastre. Le premier août suivant, il y eut une procession générale, en action de grâces de ce que cette grande basilique n'avait pas été complétement ruinée. L'évêque lui-même, René d'Illiers, portait la sainte châsse avec le doyen du chapitre ; et ils marchaient pieds-nus ainsi que presque tous les assistants.

Au retour de la procession, l'évêque, le premier, donna 400 livres pour la reconstruction du clocher ; le chapitre offrit une somme considérable. Le Roi Louis XII ordonna qu'on prît 2,000 livres sur ses tailles de Vendôme. L'évêque, pour exciter l'empressement des fidèles, institua des confréries de Notre-Dame dans toutes les paroisses du diocèse ; et il publia à cet effet un mandement dans le synode de ses curés, le 22 octobre 1506. Le chapitre fit la même chose dans la ville et dans toutes les paroisses de sa dépendance. Et le cardinal Georges d'Amboise, alors légat, (le même qui a donné à l'église de Rouen le célèbre bourdon qui portait son nom), publia des indulgences pour tous ceux qui concourraient, soit par leur travail, soit par leurs aumônes, à la restauration des cloches et des clochers de Notre-Dame de Chartres. On sait que ce fut un architecte du pays, (il prenait le titre modeste de maçon) Jehan de Beaulse, qui éleva et sculpta cette superbe pyramide. Il gagnait 7 sous 6 deniers par jour, et ses principaux ouvriers 5 sous. Il y eut de toutes parts un zèle, un empressement, un désintéressement consignés encore dans l'inscription :

En ce temps là qu'avois nécessité,
Avoit des gens qui pour moi lors veilloient
Du bon du cœur ; fust hyver ou esté.
Dieu leur pardoint, car pour lui travailloient.

Ce clocher n'était pas encore achevé, que la piété de nos ancêtres et celle de leurs souverains y avait déjà placé des cloches. Le roi avait fourni aux dépenses du clocher ; la reine voulut offrir une cloche. Etant venue à Chartres en 1510, Anne de Bretagne, pendant qu'elle faisait ses dévotions, fut ravie de la voix d'un jeune enfant de chœur du chapitre, nommé Le Febvre. Elle le demanda à MM. du chapitre qui le lui accordèrent ; et, en les remerciant, elle leur dit : *Messieurs, vous m'avez donné une petite voix, et moi je veux vous en donner une grosse.* Ce qu'elle fit en leur donnant la cloche qui s'est toujours depuis appelée de son nom.

Cette cloche fut fondue à Chartres en 1510, par maître Pierre Noël, disent les actes capitulaires. Il paraît que la ville de Chartres possédait alors plusieurs fondeurs très renommés. Ce fut un chartrain (1), Jean le Masson (ou le Machon) qui fondit à Rouen, le 2 août 1510, la célèbre cloche *Georges d'Amboise*, sur laquelle, parmi plusieurs inscriptions, on remarquait celle-ci :

Je fut nommé Georges d'Amboise,
Qui bien 36,000 livres poise.
Et cil qui bien me poisera
Quarante mille y trouvera.

Et au-dessous on lisait ces mots : « Jean le Machon demourant à Chartres m'a faite. » Ce célèbre ouvrier survécut fort peu à ce grand ouvrage. Il fut inhumé au bas de la nef de l'église cathédrale de Rouen, et sur la pierre qui le recouvrait, on grava une cloche avec les vers suivants :

Cy-dessous gît Jean le Machon
De Chartres homme de façon.
Lequel fondit Georges d'Amboise
Que trente-six mil livres poise,
Mil cinq cent un, jour d'août deuxième.
Puis mourut le vingt-huitième.

Quelques-uns de nos historiens disent qu'en même temps qu'on fondit *Anne de Bretagne*, le chapitre profita de la circonstance pour faire refondre le gros bourdon *Marie*; d'autres disent qu'il ne fut refondu qu'en 1520, avec le timbre dont nous parlerons bientôt. Mais la question est résolue par l'inscription suivante qui exista sur la cloche *Marie* jusqu'en 1723, et qui se ressent un peu du style payen qui commençait à renaître dans la littérature comme dans les arts.

(1) Hist. de la cathéd. de Rouen par de la Pommeraye.

En ego sum, pia cui genitrix et nata tonantis
 Nomen inextinctum virgo Maria dedit.
Ethere sublimi divinas intono laudes,
 Et faciles superos ad pia vota traho.
Harmonicis hilarata sonis plebs tota resultat,
 Surgit et ad sacras clerica turba preces.
Et que nuper eram casu confracta sinistro,
 Hoc Fabrice impensis sum reparata modo.
Mille et quingentos bis quinque peregerat orbes
 Phebus ab eois sepe revectus equis;
Rex Lodoicus erat duodenus, strenuus armis,
 Justitia firmus, et pietate vigens.

Il existe aussi, à la date de 1510, une quittance, signée *Jean Griffet, maître charpentier*, de la somme de 100 livres, pour avoir *monté au clocher vieil et enhuné la cloche Marie.*

Sur la cloche *Anne de Bretagne* était une autre inscription composée par Me Landrieux, chanoine et principal du collége de Chartres :

Anna, novâ super arce, chori regina sonori,
 Vota traho, nubes arceo, solvo gelu.

En même temps qu'*Anne de Bretagne*, une seconde et une troisième cloches furent placées immédiatement dans le clocher neuf. On nomma la seconde *Renée*, par reconnaissance pour la reine, dont une des filles portait ce nom. C'est pour cette princesse, mariée depuis à Hercule d'Est, duc de Ferrare, que le comté de Chartres fut érigé en duché en 1528. Renée de Ferrare eut le malheur de favoriser Calvin, et elle poussa la hardiesse jusqu'à faire tenir le prêche dans les appartements mêmes de l'évêché de Chartres. Le peuple, à cause de cela, appelait cette cloche *la Huguenote*; et lorsqu'elle fut refondue en 1683, on la *débaptisa* pour la nommer *Elisa-*

beth. La troisième cloche que l'on plaça alors dans le clocher s'appelait *Jean-Baptiste*. En 1570, on en ajouta une quatrième qui fut nommée *Catherine*, sans doute du nom de la reine Catherine de Médicis. Cette dernière cloche, plus faible que les autres, fut surnommée dans le langage populaire *le Petit-Moineau*, et *Jean-Baptiste* le *Gros-Moineau*.

La cloche donnée par Anne de Bretagne s'appelait aussi *la cloche des Biens*, et en voici la raison. Le jeune Le Febvre, devenu clerc de chapelle de la reine, ayant obtenu plus tard, par la faveur de sa protectrice, une chanoinie au chapitre de Chartres, donna en 1536, audit chapitre une somme de 3,000 livres, à condition qu'on sonnerait cette cloche, depuis la Quasimodo jusqu'à la Trinité, une heure par jour, de six à sept heures du soir. En 1643, M. Girardot, chanoine, a continué cette fondation jusqu'après la récolte, c'est-à-dire, jusqu'à la Saint-Rémy: « en sorte, dit Challine, que cette » cloche sonne, *ou doit sonner*, six mois l'année, une » heure par jour. » « Et dans toute la campagne des » alentours, au premier son de cette cloche, tout le » peuple fait le signe de la croix, et récite un *Ave Maria* » pour les biens de la terre (1). » Heureuse foi de nos pères! La terre ensuite semblait moins dure à sillonner, les moissons devenaient plus belles et les récoltes plus abondantes.

Une espèce de fatalité s'attacha à cette cloche. Elle fut brisée et refondue quatre fois en quarante ans. En 1652, le soir de la Toussaint, tandis qu'on sonnait pour les trépassés, un des tourillons de cette cloche ayant manqué, elle s'échappa, jeta un des sonneurs dans le cloître

---

(1) Vincent Sablon.

par la fenêtre, et cassa la cuisse à un autre qui mourut aussi de cette blessure. En la brisant pour la refondre, un nouvel accident coûta la vie à un troisième ouvrier. Enfin, en 1654, pendant qu'on la remontait, et au moment où elle était près d'entrer par la fenêtre de l'étage qui est au-dessous de la sonnerie, et *qui est le passage ordinaire des cloches* (1), elle retomba, et causa la mort à plusieurs ouvriers qui étaient chargés du mouvement et de la direction des cordages.

On est étonné, quand on parcourt les registres capitulaires, des fréquents accidents et des travaux sans nombre qui concernent les cloches. Il faut en conclure que l'entretien d'une belle sonnerie est une très-grande dépense. Il ne se passe pas dix ans sans que les actes du chapitre aient enregistré soit la refonte d'une cloche ou d'une commande, soit la réparation de quelques unes des charpentes, soit l'acquisition de nouveaux battans (2).

On trouve à la séance capitulaire du lundi 11 septembre 1662 la disposition suivante, qu'il est assez difficile d'expliquer : « *Dominus Decanus* dit qu'il faut payer le battant » de la cloche *Marie* pesant 900 livres, fait à Nevers, » à raison de 8 sous la livre. » La pesanteur de ce battant est très étonnante ; car celui de *Georges d'Amboise* ne pesait que 710 livres. Aucun doute que ce battant beaucoup trop fort n'ait hâté la *désharmonie* qui a nécessité une refonte à peu près générale en 1723, comme nous allons le voir bientôt.

---

(1) Challine.

(2) Les registres parlent de diverses refontes de cloches en 1570, en 1606, en 1650, en 1650, 1654, 1662, 1685, etc. Plusieurs des marchés passés avec les fondeurs existent aux archives du départ. d'Eure et Loir. *Œuvre Notre-Dame. A. 25, caisse 5.*

Depuis 1506 jusqu'en 1723, la sonnerie se composait donc de six cloches. Nous plaçons ici sous les yeux du lecteur ce que nos historiens nous apprennent de leurs poids respectifs, et ce qu'on peut conclure de quelques indications.

1o *Marie* (1) avait 7 pieds 10 pouces de diamètre, et pesait 27,000 livres (poids ancien).

2o *Gabrielle* (2) pesait 20,000.

3o *Anne* (3) portait 5 pieds 9 pouces de diamètre, et pesait 8,500.

4o *Elisabeth*, nommée auparavant *Renée* (4), avait 5 pieds 6 pouces environ de diamètre et pesait 6,000.

5o *Jean-Baptiste,* dit *le Gros-Moineau*, s'accordant avec les deux cloches précédentes et avec la suivante (5), devait porter 4 pieds 9 pouces de diamètre, et peser 4,600.

6o *Catherine* ou le *Petit-Moineau*, devait avoir 4 pieds 9 pouces de diamètre, et peser de 3,200 à 3,400.

D'après ces indications, il résulte qu'entre les deux bourdons du clocher vieux, et les quatre cloches du clocher neuf, il y avait une distance considérable. Comment donc Rouillard a-t-il pu dire que les deux bourdons s'accordaient avec les quatre cloches? Comment cette sonnerie a-t-elle pu être si vantée, si admirée? nos auteurs nous disent bien que dans les carillons on se servait du timbre qui, pour le poids, vient se placer entre le deuxième bourdon et la première cloche du clocher neuf; mais cela suffit à peine à résoudre une partie de la difficulté. Les hommes de l'art y ont répondu d'une façon plus satisfaisante en

(1) Pintard.

(2) Id. Mais Pintard donne à cette cloche un diamètre qui ne s'accorderait pas avec le poids.

(3) Pintard. (4) id. (5) Rouillard, Pintard, Challine.

disant : 1° que le ton d'une cloche ne dépend pas uniquement et nécessairement de son poids ; 2° qu'un bon sonneur peut obtenir de très-beaux accords avec des cloches dont toutes les notes ne se suivent pas. Nous laissons aux habiles le soin d'éclaircir ce mystère, sur lequel nous n'avons que des conjectures. Quoi qu'il en soit, à l'époque où nous arrivons il fallait bien que la sonnerie laissât beaucoup à désirer, puisque nous allons la voir renouvelée presque tout entière.

3° *Depuis* 1723 *jusqu'en* 1792.

Le jeudi 18 mars 1723, dans un chapitre indiqué général à l'effet de délibérer sur la refonte des cloches, M. le Doyen représenta qu'elles étaient la plupart en mauvais état, qu'il y en avait encore une qui semblait sur le point de se casser ; que le chapitre pouvait disposer de 7 à 8,000 livres, et que les blés se tenant à haut prix cette année, il n'y avait guère de temps où la compagnie eût plus de facilité pour s'imposer cette dépense. La chose fut résolue à l'unanimité. On assigna pour le lieu de la fonte la cour des magasins de Loens (1) ; et on y fit aussitôt les premiers approches de matériaux. Plusieurs fondeurs vinrent faire leurs offres de services; et un marché fut passé le 14 mai entre le chapitre et MM. Brocard frères, Sabatier leur oncle et Chaussard leur beau-frère, marchands fondeurs demeurant à Breuannes en Lorraine. Cet acte, que nous possédons encore, est vraiment digne d'intérêt. Les fondeurs s'obligent : « 1° à refaire, » en ouvrage de bonne fonte, cinq cloches, savoir, la » grosse du vieux clocher, nommée *Marie*, et les quatre » du clocher neuf, et à les rendre de ton et son accor-

(1) Où est aujourd'hui la Manutention des vivres militaires.

» dantes et harmonieuses entr'elles ; en sorte que lesdites » cinq cloches, jointes avec la deuxième cloche du clo- » cher vieux, nommée *Gabrielle* (1), qui ne sera pas re- » fondue, fassent une sixième majeure : savoir *le Pe- » tit-Moineau* faisant le *mi*, le *Gros-Moineau* le *ré*, *Elisabeth* » l'*ut*, *Anne de Bretagne* le *si*, *Gabrielle* le *la*, et *Marie* » le *sol*. 2° A les rendre faites et parfaites, bien et dû- » ment fondues, sans aucun placard, jarsures, gouttes » froides, fillières, et tous autres défauts que ce puisse » être, garnies *de hances* et d'anneaux bien et dûment » placés suivant les règles de l'art, sans qu'il soit besoin » pour les rendre des tons ci-dessus spécifiés, de les bu- » riner, ciseler ni ébarber en quelque manière que ce » soit, etc. Le chapitre de son côté s'oblige: « 1° de four- » nir tous les matériaux et *métail* nécessaires, 250 journées » d'ouvriers ou manœuvres pour faire les creux, battre » la terre, etc., auxquels lesdits sieurs fondeurs s'obligent » d'aider à casser lesdites cloches ; 2° de payer auxdits » sieurs la somme de 3,000 livres pour leurs peines et » façons de ladite fonte ; laquelle somme par eux exigible » seulement après la visite et réception des cloches par » les experts convenus etc. »

Tous les travaux préparatoires étant achevés, les cloches furent cassées à la fin d'août, et au commencement de septembre. On avait réglé que pendant le temps de la fonte, les offices seraient annoncés par 30 coups frappés sur le timbre. Mais l'abbé Brillon, homme fidèle aux traditions, apporta une ordonnance capitulaire rendue dans un cas semblable en 1506, conformément à laquelle il proposa de faire placer provisoirement dans le clocher

(1) Cette cloche paraît n'avoir été refondue, depuis 1423 jusqu'à la révolution, qu'une seule fois, en 1570.

la commande appelée *la Grosse-Prime*; ce qui fut exécuté. La grosse cloche fut fondue le mercredi 1er septembre; le métal en fusion avait été bénit sur les deux heures du matin par M. le doyen. Le mercredi 22 septembre à la même heure, on fondit deux autres cloches, et le lendemain au soir les deux dernières. Comme il restait plusieurs milliers de métal, le chapitre ordonna qu'on en ferait deux nouvelles cloches qui formeraient l'octave complète. Cependant comme ce travail exigeait du temps, on s'occupa de la benédiction des cinq cloches fondues, qui furent suspendues dans la nef, et que les experts reconnurent être d'accord et recevables.

Depuis long-temps les parrains étaient choisis, et leurs noms étaient gravés sur les cloches. C'étaient : 1o Monseigneur le duc de Chartres (fils du régent), et la Reine infante (jeune princesse d'Espagne amenée à Paris à l'âge de quatre ans, et fiancée à Louis XV; elle fut ensuite renvoyée en Espagne) ; 2o Son Eminence le Cardinal Guillaume Dubois; 3o M. d'Armenonville, garde des sceaux, et madame la marquise de Farvac ; 4o M. Dodun, contrôleur général, et madame la marquise de Gassion ; 5o M. de Champigny, trésorier de la Sainte-Chapelle de Paris, et madame la comtesse de Peires (1).

Il y eut quelques changements dans les noms des cloches. Celle dont le cardinal Dubois fut parrain prit son nom, *Guillaume*, et devint le troisième bourdon du clocher vieux qui n'en avait renfermé que deux jusqu'alors.

---

(1) Tous ces personnages avaient des propriétés dans le diocèse : le cardinal Dubois, à Mémillon; M. d'Armenonville à Armenonville; madame de Farvac à Eclimont; M. Dodun, à....; madame de Gassion et madame de Peires à Alluyes; M. de Champigny à.....

La cloche nommée par monsieur le trésorier de la Sainte-Chapelle s'appela *Joseph*.

La cérémonie de la bénédiction des cloches fixée au mercredi 3 novembre, fut une des plus pompeuses solennités dont la ville de Chartres ait été témoin. La reine infante et le duc de Chartres durent assister en personne, ainsi que le cardinal et les autres parrains et marraines. Messieurs le garde-des-sceaux et le contrôleur général étaient seuls représentés, le premier par M. le marquis de Gassion, et le second par M. Fayet, conseiller du grand-conseil. Monseigneur Charles-François de Mérinville, évêque de Chartres, officia solennellement. L'enceinte était gardée par la maréchaussée. On trouve dans les registres capitulaires (1), un procès-verbal fort détaillé de cette belle cérémonie qui fut conduite par le célèbre chanoine Cheret, qui devint curé de St-Roch à Paris, et qui était l'auteur d'un Bréviaire adopté par plusieurs diocèses. La lecture de cette pièce prouve la vérité de cette parole, *qu'il n'y a rien de nouveau sous le soleil.* Car on est étonné de voir que, jusque dans les dispositions les plus minutieuse la cérémonie dont nous avons été témoins le 9 sept. 1840 n'était, à notre insu, qu'une reproduction de celle de 1723.

L'infante reine désira conserver un plan de l'église cathédrale et une figure de la cloche *Marie*. Des artistes furent chargés par le chapitre de ce double travail ; et de plus le sieur Mocquet, marchand imagier de la ville, fit hommage de deux estampes représentant la cérémonie de la bénédiction des cinq cloches. Le chapitre offrit aux parrains et marraines les présents qu'il avait coutume de faire aux gens de considération dans des circonstances particulières, c'est-à-dire, du pain et du vin, et il y ajouta

(1) Reg. Cap. de 1723, p. 568 et 569.

des confitures pour les dames. De grandes libéralités furent faites en échange de ces présents.

Le vendredi, 26 novembre suivant, M. le doyen fit la bénédiction des deux dernières cloches qui furent trouvées d'accord avec les autres, *à peu de chose près*. Il n'y eut ni parrains ni marraines, ainsi qu'il avait été résolu. L'inscription de ces cloches portait qu'elles avaient été faites par le chapitre, et nommées la première *Jean-Baptiste*, la deuxième *Piat*. — On trouve à la date du 27 une « requête des tambours de la ville tendant à ce qu'il plaise » au chapitre leur accorder quelque gratification pour » avoir assisté à ladite cérémonie. »

Nos registres capitulaires, ni aucun document authentique, ne nous assignent le poids de chacune des cloches de cette nouvelle sonnerie. Mais il nous reste deux données au moyen desquelles les gens de l'art le détermineraient aisément. Car 1° la cloche *Gabrielle* qui pesait 20,000 environ fut conservée, et 2° nous connaissons le ton de toutes les cloches. Il est facile après cela de conclure le poids qu'elles devaient avoir pour être d'accord. La cloche *Marie* en particulier dut conserver le poids de 27 à 28 mille, quoique l'inscription qu'elle portait au moment de la révolution en accusât un plus considérable :

Marie Anne je m'appèle (1)
Et trente mille je pèse.
Celui qui bien me pèsera
54,000 y trouvera (2).

---

(1) Cette cloche continua de n'être appelée que *Marie*; nom qui lui a été conservé toutes les fois qu'elle a été refondue : *nomen in extinctum*, comme parle l'inscription que nous avons citée : cette fois on y avait ajouté le nom d'*Anne* pour céder au désir de l'infante qui portait ce nom.

(2) Ce genre d'inscription qui se retrouve sur plusieurs clo-

Voici le *ton* de ces huit cloches, en commençant par les plus petites :

1° *Piat* le Sol ;
2° *Jean-Baptiste* ou *le Petit-Moineau* le Fa;
3° *Joseph* ou *le Gros-Moineau* le Mi ;
4° *Elisabeth* le Ré;
5° *Anne* l'Ut ;
6° *Guillaume* le Si ;
7° *Gabrielle* le La;
8° *Marie* le Sol.

Dans la séance capitulaire du 29 avril 1775, on ordonna la refonte de *Piat*, de *Jean-Baptiste* et de *Joseph*. Il fallut refondre deux fois la cloche *Jean-Baptiste* pour obtenir le *fa* bien d'accord. *Piat* depuis cette époque ne fit plus partie de la grande sonnerie ; le règlement des cloches, tel qu'il existait en 1789, l'en exclut positivement. Elle ne pesait que 1800, et ne servait qu'à annoncer les offices simples et de férie. Les trois cloches furent bénites par Monseigneur P. A. B. de Fleury, évêque de Chartres, le mardi 27 juin. On s'occupa à cette même époque de faire travailler cinq des battants, et aussi de refaire à neuf la charpente du timbre et celle des cloches du clocher neuf. On voulut aussi faire percer des ouvertures plus grandes au clocher vieux, attendu que la sonnerie n'était pas assez entendue; mais il ne paraît pas qu'on ait donné suite à ce projet, que le chapitre ne regardait pas cependant comme impossible à exécuter (1).

---

ches signifiait d'ordinaire que les fondeurs ne se faisaient payer que sur l'évaluation de *tant* de livres, exprimées par le premier chiffre, mais que si la cloche était bien pesée on lui en trouverait *tant* exprimées par le deuxième chiffre.

(1) Rég. Cap. de 1775, p. 453 *verso*.

Telle était la belle sonnerie de Notre-Dame de Chartres au moment où la révolution vint la détruire. Qu'on nous permette de citer ici quelques lignes du remarquable ouvrage de M. Schmit, intitulé les Eglises gothiques : « La » cloche, dit-il, est une des splendeurs que la révo- » lution a fait déchoir en France... Les beffrois actuels de » nos églises ne sauraient donner une idée des anciennes » sonneries, composées quelquefois de douze et même » de dix-huit cloches. L'ébranlement causé à l'atmos- » phère par le retentissement de toutes ces cloches, » lorsqu'elles étaient mises en mouvement, jetait dans » les têtes une sorte de vertige qui détournait l'esprit de » toute préoccupation étrangère. On peut dire que la com- » motion produite par cette musique aérienne établissait » une espèce de courant magnétique qui nous entraînait » malgré nous-mêmes au saint temple. C'était une des » applications du *compelle intrare* de l'évangile.... »

C'est cette vertu surnaturelle et cette puissance religieuse des cloches qui les a fait détruire dans toute la France à l'époque malheureuse dont nous allons parler ; mais avant de raconter l'histoire de cette destruction, et celle de la sonnerie nouvelle, disons quelques mots *des commandes* et du *timbre.*

Des commandes , et du timbre.

Nous savons par un des nécrologes de notre église (1) que ce fut un roi d'Angleterre qui, pour le repos de l'âme de la princesse Adèle, sa fille, fit édifier à ses frais un petit clocher au-dessus du chœur de Notre-Dame. Cette petite flèche qui était d'un travail et d'une symétrie admirables (2) , s'élevait perpendiculairement au-dessus

(1) A la date du 7 des Ides de septembre.

(2) Vincent Sablon.

du lutrin, et on l'a surnommée le *clocher des Nones*, ou *des Babillardes*, parce qu'on y avait placé les six commandes. C'étaient de petites cloches destinées à avertir les sonneurs, du moment où ils devaient mettre en branle les grandes cloches durant le service divin. Elles servaient aussi à appeler aux offices les chantres et les enfants de chœur. Une d'elles annonçait les réunions capitulaires; on la distinguait des autres par un son argentin, qui la fit nommer la cloche d'argent. Le peuple disait que, tandis qu'on la fondait, les chanoines avaient jeté dans le fourneau une grande quantité d'argent. Une autre des commandes s'appelait la *Grosse-Prime;* elle servait à annoncer plusieurs des heures canoniales dans les jours simples. Ces six petites cloches étaient d'accord entr'elles, et formaient un carillon réjouissant qui venait se mêler quelquefois à la grande sonnerie.

On sait que c'est la fonction d'un des ordres mineurs de sonner les cloches : *Ostiarium oportet percutere cymbalum et campanam* (1). L'église de Chartres avait toujours conservé cette discipline pour les petites cloches du chœur, et Beuvelet (2) propose aux autres églises l'exemple de celle de Notre-Dame de Chartres « où il y a six clercs bénéficiers, destinés pour sonner les six cloches du chœur, en habit clérical, en soutanes et surplis. » Pendant long-temps la grande sonnerie des deux clochers fut confiée à des marguilliers laïcs; et c'était sous leurs ordres que le sonneur nommé *queux*, et ses aides, nommés *sous-queux*, exerçaient leurs fonctions.

Un autre petit clocher, moins élégant que celui des commandes, avait été construit sur le milieu de la

(1) Pontif. Rom. Pro ordin. Ostiar.

(2) Instruct. sur le Manuel. 2e partie, ch. 4, § 3.

croisée de l'église, et on l'appelait la Grue, parce qu'étant au-dessus du grand œillard, il renfermait un instrument au moyen duquel on montait les bois, le plomb et toutes sortes de matériaux. Lorsque le chapitre, après de longs démêlés avec la ville, parvint enfin à fermer le cloître, ce fut à la condition qu'il placerait dans ce petit clocher, une cloche pour l'horloge publique, et qu'il entretiendrait jour et nuit un guetteur pour avertir des incendies. En 1514, à la suite de plusieurs dégâts faits dans le pays par les troupes du duc de Suffolk, le chapitre transporta le guet au haut du clocher neuf. On fit refondre le timbre en 1520 ; on lui donna 6 pieds de diamètre (ce qui suppose un poids de 10,000 livres au plus), et on le plaça dans la lanterne du clocher neuf, où il se voit encore à présent. Depuis lors, le clocher de la croisée renfermait seulement la cresselle dont on se sert les trois derniers jours de la semaine sainte. Il a été détruit peu de temps avant la révolution ainsi que celui des commandes. On lit sur le timbre les vers suivants, en caractères très gothiques.

Facta ad signandos solis lunæque labores
Evehor ad tantæ culmina celsa domûs.
Annus erat Christi millesimus, adde priori
Quingentos numero, bis quoque junge decem :
Illo quippe anno quo Francus convenit Anglum,
Perpetuâ que simul discubuêre fide.

4o *Depuis* 1792 *jusqu'en* 1836.

En 1792, l'assemblée nationale, sur la proposition de Pierre Manuel, décréta que toutes les cloches seraient détruites, et changées en gros sous et en canons. On n'en laissa dans chaque église principale qu'une seule pour servir au tocsin. C'est ainsi que fut conservé le gros bourdon de Notre-Dame de Paris. Mais comme il y avait à Chartres un timbre affecté à cet usage, la révolution brisa les sept grosses cloches et ne laissa que le timbre et la petite cloche nommée *Piat*.

Les églises ayant été rendues au culte par suite du concordat, ce fut ce faible débris de l'ancienne sonnerie qui servit jusqu'en 1816 à annoncer tous les offices. Napoléon, qui aimait tant le son des cloches, dut regretter de n'entendre annoncer son entrée à Chartres que par une si faible voix, là où retentissait autrefois une harmonie si célèbre. Nul doute qu'il n'eût prêté l'oreille aux sons majestueux que Henri IV avait admirés. Voici ce que nous apprend le confident et l'historien de ce grand homme. « Le son des cloches produisait sur Bonaparte » un effet singulier que je n'ai jamais pu m'expliquer : il » l'entendait avec délices. C'est un fait dont j'ai été plus » de vingt fois témoin. Lorsque nous étions à la Mal- » maison et que nous nous promenions dans l'allée qui » conduit à la plaine de Ruel, combien de fois le son » de la cloche de ce village n'a-t-il pas interrompu nos » conversations les plus sérieuses. Il s'arrêtait pour que le » mouvement de nos pas ne lui fît rien perdre d'un » retentissement qui le charmait. Il se fâchait presque » contre moi de ce que je n'éprouvais pas les mêmes » impressions que lui. L'action produite sur ses sens » était si forte, qu'il avait *la voix émue* quand il me » disait alors : *cela me rappelle les premières années que* » *j'ai passées à Brienne. J'étais heureux alors!* (1) » Ainsi ce triomphateur célèbre oubliait toutes ses victoires, pour ressaisir, dans le son d'une cloche, le souvenir de son

(1) Mémoires de Bourienne, t. IV. ch. 43. p. 222.

premier âge, de son bonheur, et de ses émotions religieuses d'alors ; les seules qui aient toujours conservé quelque empire sur son cœur. « *Ma raison*, disait-il » dans une de ces circonstances, me tiendrait dans l'in» crédulité sur bien des choses, si elle n'était combattue » par les impressions de mon enfance et les inspirations » de ma première jeunesse. » (1)

Le 28 juillet 1816, M. le comte d'Artois (depuis Charles X) et madame la duchesse d'Angoulême, ayant accepté de nommer deux nouvelles cloches, se firent représenter par le vicomte de Sesmaisons et la duchesse de Gontault-Biron.

La première de ces cloches, nommée *Marie-Thérèse*, pesait environ 3,100.

La deuxième, nommée *Louise-Charlotte*, pesait 2,400.

Et *Piat*, comme nous l'avons dit, pesait 1,800.

Cette sonnerie, faible sans doute, mais d'un accord agréable existait depuis vingt ans, quand l'incendie de 1836 vint la détruire.

5° *Depuis l'incendie de* 1836.

Nous ne décrirons pas ici l'incendie de 1836 ; le souvenir en est encore récent, et le récit détaillé en a été donné au public (2). « Ce fut vers huit heures du soir qu'on s'aperçut que l'embrasement de la charpente de l'église s'était communiqué à celle de la sonnerie du clocher neuf. Les cloches, restées longtemps rouges et suspendues au milieu des poutres qui les portaient, cédant enfin à l'activité du feu, perdirent

---

(1) Ibid. pag. 231.

(2) M. Lejeune. Ouvrage cité plus haut.

leurs points d'appui et se précipitèrent sur la voûte. Au-dessus de cet effroyable obélisque de feu, et pendant toute la durée de l'incendie, le marteau du timbre ne discontinua pas de sonner les heures avec une régularité qui présentait quelque chose de solennel ». La même chose avait été observée dans un incendie qui faillit détruire le clocher en 1674.

Le gouvernement s'est empressé de restaurer ce bel édifice et ses pyramides. Une charpente en fer, la plus belle qui existe présentement en Europe, est venue remplacer l'antique *forêt*; et nous pouvons bien dire maintenant sans témérité ce qu'un vieux poète (2) a dit un peu trop tôt à la suite d'une des réparations de notre église.

Judicii nihil usque diem timet igne noceri.

N'oublions pas cependant que la charpente des bas côtés est encore en bois, et qu'une étincelle pourrait détruire en un instant toute notre magnifique verrière ; dommage qui serait mille fois plus grand que celui de 1836, puisqu'il serait irréparable, tandis que le sinistre de 1836 n'a rien détruit qui ne pût et qui ne dût prochainement être réparé. Aussi pouvons-nous ajouter encore avec le même poète que ce désastre a été un malheur providentiel, puisqu'il est arrivé à un moment où la charpente, s'affaissant de toutes parts, allait exiger d'année en année des travaux onéreux qui n'eussent pas été faits avec assez de zèle peut-être. Nous ferons plaisir au lecteur en citant ici cette tirade de vers qui ont un merveilleux à-propos.

---

(2) Guill. Brito. Philippid, l. 4. Du Chesne, t. 5. pag. 155.

Contigit haud multo decurso tempore post hæc,
Virgo Dei mater, quæ verbo se docet et re
Carnoti Dominum, laudabiliore paratu
Ecclesiam reparare volens specialiter ipsi
Quam dicat ipsa sibi, *mirando provida casu*
Vulcano furere ad libitum permisit in illam;
Ut medicina foret præsens exustio morbi
Quo Domini domus illa situ languebat inerti,
Et causam fabricæ daret illa ruina futuræ
Cui toto par nulla hodie splendescit in orbe.....
Multorum que salus illo provenit ab igne
Quorum subsidiis operis renovatio facta est (1).

Le gouvernement, en s'engageant à réparer la charpente de l'église et les clochers, avait déclaré que la dépense des cloches et du beffroi resterait à la charge de l'église (2). Aussitôt après l'incendie, monseigneur Clausel de Montals, évêque de Chartres, à l'exemple de son prédécesseur, René d'Illiers, s'est empressé de faire une offrande généreuse, et de publier un mandement qu'il a adressé, non-seulement au clergé et aux fidèles de son diocèse, mais « à toutes les âmes généreuses, et sensibles aux intérêts de la religion, en quelques lieux qu'elles se trouvent (3). « Nous savons que sa voix a été entendue. Le

(1) Id.

(2) Pendant le temps des réparations de l'église et des clochers, on s'est servi d'une petite cloche, placée d'abord dans le clocher neuf, puis transportée, à cause des travaux, sur une plate-forme latérale. Elle a été bénite en 1836 par M. Lecomte, curé de la cathédrale. Elle a eu pour parrain et marraine deux jeunes enfants, M. Hippolyte Castillon de St-Victor, et Mlle Caroline du Temple de Rougemont. Cette petite cloche servira désormais de commande.

(3) Mandement du 24 juin 1836.

chapitre de son côté a fait un don considérable, et la fabrique s'est imposé les plus grands sacrifices. Mais la plus grande partie de ces fonds a été absorbée par un travail provisoire, nécessaire pour que le culte divin ne fût pas interrompu pendant les quatre années que devaient durer les réparations, et aussi pour la conservation des voûtes qui se seraient complètement détériorées. C'est le sentiment de plusieurs hommes graves que sans la chape de plomb laminé dont monseigneur l'évêque a prudemment fait revêtir les voûtes après l'incendie, leur solidité eût été sérieusement compromise par les grandes pluies des années 1837, 1838 et 1839, qui ont causé tant d'éboulements dans notre ville et autour de nos remparts (1). Monseigneur l'évêque, dans une nouvelle lettre pastorale, fit un appel à la générosité de ses diocésains auxquels il annonçait que le clocher neuf de la cathédrale allait être réparé, et que dans un intervalle assez court il devrait être pourvu de cloches (2).

MM. Cavillier, frères, et fils, issus d'une famille de fondeurs qui remonte jusqu'au XVe siècle, se rendirent à Chartres au mois de mai 1840 pour commencer les travaux préparatoires de la fonte des cloches. M. Martin, carrossier, prêta à cet effet, avec la plus grande obligeance, un terrain clos sur le pavé de Bonneval. La première et la quatrième cloche furent fondues le jeudi 20 août, et les deux autres le lundi 24. Elles furent conduites à la cathédrale les vendredi et samedi 3 et 4 septembre. L'entrepreneur avait fait marché avec un voiturier pour ce

---

(1) Lettre de M. D. de B. Percheron, de 1840. P. 49.

(2) Lettre pastorale du 19 octobre 1837. Voir aussi le Mandement du 5 octobre 1840.

transport, mais il y eut tant de bonne volonté de la part d'un grand nombre d'habitants, et surtout des enfants, qu'il leur fallut permettre de s'atteler eux-mêmes au chariot. La cloche *Gabrielle* qui fut amenée la dernière, traversa toute la ville, et vint par la porte Saint-Michel, la rue des Grenets et celle des Changes. Un des fondeurs était monté sur cette cloche, et sur son passage quelques personnes lui jetèrent un bouquet de fleurs dont la cloche resta couronnée jusqu'à la cérémonie de la bénédiction.

Cette cérémonie eut lieu le mercredi 9 septembre, et on lui donna la plus grande solennité. Non-seulement toute la ville, mais toutes les populations voisines y étaient accourues. Monseigneur l'Évêque officia pontificalement. La cérémonie fut ouverte par un discours que prononça M. Lecomte, chanoine théologal et curé de la cathédrale. Tous les parrains et marraines ont assisté en personne. Nous plaçons ici les noms, le diamètre et le poids des quatre nouvelles cloches, ainsi que les inscriptions qui sont sur chacune d'elles, et qui font connaître les parrains et marraines.

1° *Marie*, portant 6 pieds 6 pouces de diamètre, pèse 12,200 livres environ.

2° *Anne*. — Diamètre : 5 pieds 9 pouces 9 lignes. — Poids : 8,700.

3° *Gabrielle*. — Diamètre : 5 pieds 2 pouces 7 lignes. — Poids : 6,200.

4° *Joseph*. — Diamètre : 4 pieds 9 pouces 8 lignes. — Poids : 4,800.

Première Cloche. L'an de l'Incarnation M. D. CCC. XL. J'ai été bénite par Mgr. Claude-Hippolyte CLAUSEL DE MONTALS, Evêque de Chartres ; et nommée MARIE par M. Anne-Charles-François de Montmorency, Duc et Pair, 1er Baron de France et 1er Baron Chrétien, et dame Léonie-Marie de Saint-Aignan, épouse de M. le Baron Léonce de Villeneuve, Préfet d'Eure et Loir. J'ai été donnée par MM. les Chanoines et Chapitre : L. P. Cognéry, doyen. J. M. Itasse. L. Toutay. P. A. Lecomte. A. B. Guillard. P. J. Langlois. J. B. F. Dengihoul-Olivier. L. A. Courbouton. A. Pellerin.

Deuxième Cloche. L'an de l'Incarnation M. D. CCC. XL. J'ai été bénite par Mgr. Claude-Hippolyte CLAUSEL DE MONTALS, Evêque de Chartres; et nommée ANNE par M. Paul de Noailles, Duc et Pair de France, et dame Marie-Adélaïde de Coussay, Marquise de la Rochejaquelein. J'ai été donnée par la Fabrique : P. A. Lecomte, Chanoine-Curé, Président. L. A. Courbouton. A. N. Baret. J. F. Doublet. C. C. Hérisson. H. E. Servant C. F. Latour. A. A. de Ponton d'Amécourt.

Troisième Cloche. L'an de l'Incarnation M. D. CCC. XL. J'ai été bénite par Mgr. Claude-Hippolyte CLAUSEL DE MONTALS, Evêque de Chartres; et nommée GABRIELLE par M. Alexandre-Louis-François-Saturnin, Comte d'Astorg, Pair de France et Maréchal-de-Camp, Commandant le département d'Eure et Loir, et dame Geneviève-Elisabeth Caigné, épouse de M. Ad. Chasles, Député et Maire de Chartres. J'ai été donnée par la Fabrique, aidée des pieuses offrandes des Fideles.

Quatrième Cloche. L'an de l'Incarnation M. D. CCC. XL. J'ai été bénite par Mgr. Claude-Hippolyte CLAUSEL DE MONTALS, Evêque de Chartres; et nommée JOSEPH par M. Pierre-Gratien-Rodolphe' Baron Saillard, Receveur-Général d'Eure et Loir, et dame Louise Agathe-Félicité de Breuilly d'Hautecourt, épouse de M. Ad. Philippe Paporet d'Avelon, Directeur des Domaines. J'ai été donnée par la Fabrique, aidée des pieuses offrandes des Fidèles.

Ces quatre cloches ont été montées à l'intérieur du clocher, dont on a agrandi pour cela l'entrée et les voûtes. L'administration ayant manifesté certaines craintes, elles ont été placées à un étage au-dessous de l'ancienne sonnerie. Des sonneurs, formés à leur art, nous ont mis à même d'apprécier la beauté et l'harmonie de ces cloches, qui répondent à la magnificence de leur demeure, si heureusement et si admirablement restaurée. Les fondeurs garantissent la solidité et l'accord pendant un an.

En finissant, il ne nous reste qu'à exprimer, par rapport à ces cloches, le vœu qui termine la belle ode du poète allemand. « Et maintenant, bien loin des futilités » de la terre, qu'elles s'élèvent au sein de l'azur du ciel, » voisines du tonnerre, et couronnées par les étoiles ! » Que leur voix se mêle au concert des astres qui célé- » brent le créateur ; que leur bouche de métal ne re- » tentisse que de sons graves et religieux ;.... qu'elles » président à la réconciliation et qu'elles réunissent les » hommes dans un accord sincère ;... que la révolte, » planant sur les villes, ne vienne jamais se suspendre » parmi leurs cordes, et convertir des sons pacifiques en » des signaux de carnage ! » (1)

Enfin, redisons ce mot pour tous ceux qui auront contribué à la restauration de l'église, des clochers et des cloches :

Dieu leur pardoint, car pour lui travailloient ! (2)

(1) Schiller. Chanson sur la Cloche.

(2) Inscription du clocher neuf.

Chartres, imprimerie de Garnier, place des Halles.

www.ingramcontent.com/pod-product-compliance
Ingram Content Group UK Ltd.
Pitfield, Milton Keynes, MK11 3LW, UK
UKHW022155190726
13855UKWH00004B/1489

9 782013 059275